Impressum
Verlag: BABADADA GmbH, Nedderfeld 112 , 22529 Hamburg
Geschäftsführer / Verlagsleitung: Harald Hof
Druck: Books on Demand GmbH, In de Tarpen 42, 22848 Norderstedt

Imprint
Publisher: BABADADA GmbH, Nedderfeld 112 , 22529 Hamburg, Germany
Managing Director / Publishing direction: Harald Hof
Print: Books on Demand GmbH, In de Tarpen 42, 22848 Norderstedt

בית ספר
sekolah

כיתה
bilik darjah
חילק
bahagi
186/2
לוח
papan
laman/taman sekolah
מורה
guru
נייר
kertas
כתב
tulis
עט
pen
שולחן עבודה
meja
סרגל
pembaris
ספר
buku
תלמיד
murid

ילקוט

beg galas

קלמר

kotak pensel

עיפרון

pensel

מחדד

pengasah pensel

גומי מחיקה

pemadam

חוברת סרטוט

kertas lukisan

סרטוט

melukis

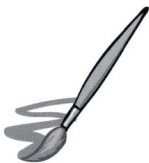

מברשת

berus lukis

קופסת צבעים

kotak warna

מספריים

gunting

דבק

gam

ספר תרגול

buku latihan

שיעור בית

kerja rumah

12

מספר

nombor

2+2

חיבר

tambah

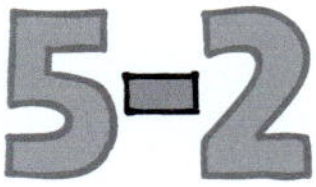

5-2

חיסר

tolak

2×2

הכפיל

darab

חישב

kira

A

אות

huruf

ABCDEFG
HIJKLMN
OPQRSTU
VWXYZ

אלפבית

abjad

hello

מילה

kata

טקסט
teks

קרא
baca

גיר
kapur

שיעור
pelajaran

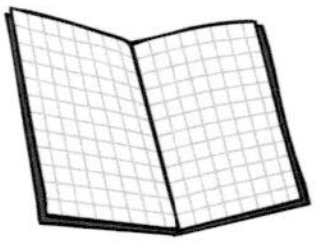

יומן נוכחות
daftar

מבחן
peperiksaan

תעודה
sijil

תלבושת בית ספר
uniform sekolah

חינוך
pendidikan

אנציקלופדיה
ensiklopedia

אוניברסיטה
universiti

מיקרוסקופ
mikroskop

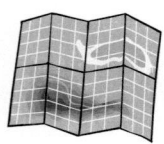

מפה
peta

סל נייר
bakul sampah

נסיעה
berjalan

Grand
מלון
hotel
הוסטל
asrama
ROOMS
EXCHANGE
המרת מטבע
pejabat tukaran mata wang
מזוודה
beg pakaian
אוטו
kereta

שפה
bahasa

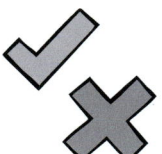

כן / לא
ya / tidak

בסדר
okey

שלום
helo

מתרגם
penterjemah

תודה
Terima kasih

כמה עולה.....?

berapa banyak…?

אני לא מבין

saya tidak faham

בעיה

masalah

ערב טוב!

Selamat petang!

בוקר טוב!

Selamat Pagi!

לילה טוב!

Selamat Malam!

להתראות

selamat tinggal

כיוון

arah

כבודה

bagasi

תיק

beg

תרמיל גב

beg galas

אורח

tetamu

חדר

bilik tidur

שק שינה

beg tidur

אוהל

khemah

מרכז מידע לתיירים

maklumat pelancong

חוף ים

pantai

כרטיס אשראי

kad kredit

ארוחת בוקר

sarapan

ארוחת צהריים

makan tengah hari

ארוחת ערב

makan malam

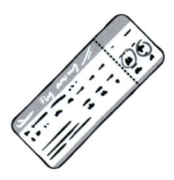

כרטיס

tiket

מעלית

lif

בול

setem

גבול

sempadan

מכס

kastam

שגרירות

kedutaan

אשרה

visa

דרכון

pasport

תחבורה

pengangkutan

מטוס
kapal terbang
אונייה
kapal
כבאית
kereta bomba
משאית
trak
אוטובוס
bas
סירת מנוע
motobot
אופניים
basikal
אוטו
kereta

מעבורת
feri

סירה
bot

אופנוע
motosikal

ניידת משטרה
kereta polis

מכונית מרוץ
kereta lumba

רכב שכור
kereta sewa

מכוניות בשיתוף

berkongsi kereta

אוטו גרר

trak tunda

משאית זבל

trak menolak

מנוע

motor

דלק

bahan api

תחנת דלק

stesen minyak

תמרור

tanda trafik

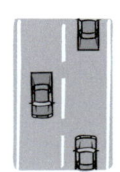

תנועה

trafik

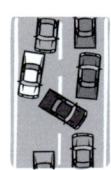

פקק תנועה

kesesakan lalu lintas

חניה

tempat parkir

תחנת רכבת

stesen kereta api

פסי רכבת

trek

רכבת

kereta api

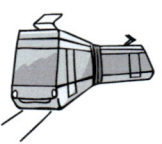

רכבת קלה

trem

קרון

gerabak

מסוק

helikopter

שדה-תעופה

lapangan terbang

מגדל

Menara

נוסע

penumpang

קונטיינר

bekas

קרטון

kadbod

עגלה

kart

סל

bakul

המראה / נחיתה

berlepas / mendarat

עיר

bandar

כפר

kampung

מרכז העיר

pusat bandar

בית

rumah

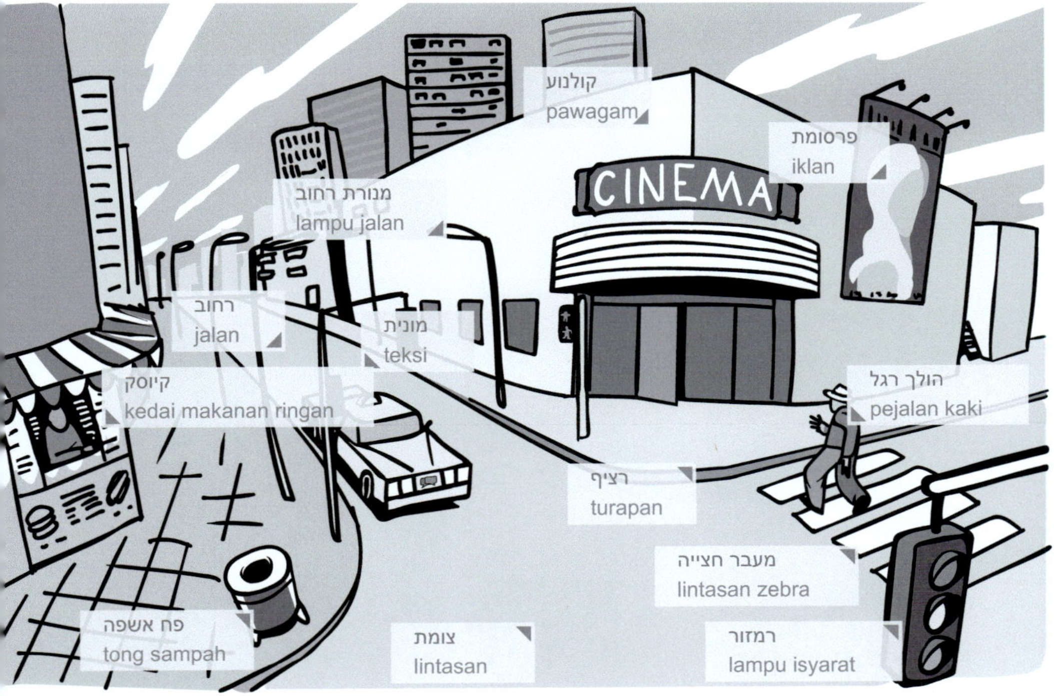

קולנוע
pawagam

פרסומת
iklan

מנורת רחוב
lampu jalan

CINEMA

רחוב
jalan

מונית
teksi

הולך רגל
pejalan kaki

קיוסק
kedai makanan ringan

רציף
turapan

מעבר חצייה
lintasan zebra

פח אשפה
tong sampah

צומת
lintasan

רמזור
lampu isyarat

בקתה
pondok

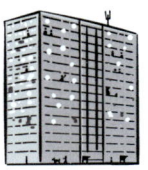

דירה
flat

תחנת רכבת
stesen kereta api

עירייה
dewan bandar

מוזיאון
muzium

בית ספר
sekolah

אוניברסיטה

universiti

בנק

bank

בית חולים

hospital

מלון

hotel

בית מרקחת

farmasi

משרד

pejabat

חנות ספרים

kedai buku

חנות

kedai

חנות פרחים

kedai bunga

סופרמרקט

pasar raya

שוק

pasaran

כל-בו

gedung

מוכר דגים

penjual ikan

קניון

pusat membeli-belah

נמל

pelabuhan

פארק

taman

ספסל

bangku

גשר

jambatan

מדרגות

tangga

רכבת תחתית

bawah tanah

מנהרה

terowong

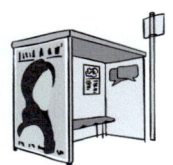

תחנת אוטובוס

hentian bas

בר

bar

מסעדה

restoran

תא דואר

peti surat

שלט רחוב

papan tanda jalan

מדחן

meter parkir

גן חיות

zoo

בריכת שחיה

kolam renang

מסגד

masjid

חווה

ladang

זיהום

pencemaran

בית עלמין

tanah perkuburan

כנסייה

gereja

מגרש משחקים

taman permainan

בית מקדש

kuil

נוף
landskap

עלה
daun

תמרור
tiang tanda

דרך
jalan

מרעה
padang rumput

אבן
batu

מטייל
pejalan kaki

עץ
pokok

נהר
sungai

דשא
rumput

פרח
bunga

בקעה

lembah

הר

bukit

אגם

tasik

יער

hutan

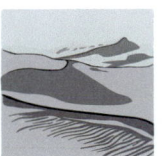

מדבר

padang pasir

הר געש

gunung berapi

טירה

istana

קשת בענן

pelangi

פטריה

cendawan

דקל

pokok kelapa sawit

יתוש

nyamuk

זבוב

terbang

נמלה

semut

דבורה

lebah

עכביש

labah-labah

חיפושית

kumbang

צפרדע

katak

סנאי

tupai

קיפוד

landak

ארנב

arnab

ינשוף

burung hantu

ציפור

burung

ברבור

angsa

חזיר בר

babi jantan

צבי

rusa

אייל הקורא

moose

סכר

empangan

טורבינת רוח

turbin angin

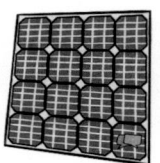

פנל סולארי

panel solar

אקלים

iklim

מסעדה

restoran

מלצר
pelayan
תפריט
menu
כסא
kerusi
מרק
sup
פיצה
piza
סכו"ם
kutleri
מפת שולחן
alas meja

מנת פתיחה

pemula

מנה עיקרית

hidangan utama

קינוח

pencuci mulut

שתיות

minuman

אוכל

makanan

בקבוק

botol

מזון מהיר

makanan segera

אוכל רחוב

makanan jalanan

קנקן תה

teko

מסכרת

mangkuk gula

מנה

bahagian

מכונת אספרסו

mesin espreso

כסא תינוק

kerusi tinggi

חשבון

bil

מגש

dulang

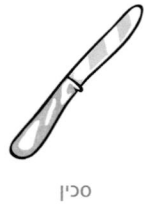

סכין

pisau

מזלג

garfu

כף

sudu

כפית

sudu teh

מפית

serviette

כוס

gelas

צלחת

pinggan

קערת מרק

mangkuk sup

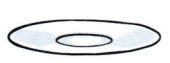

תחתית

piring

רוטב

sos

מלחייה

tempat garam

מטחנת פלפל

pengisar lada

חומץ

cuka

שמן

minyak

תבלינים

rempah

קטשופ

sos

חרדל

mustard

מיונז

mayones

סופרמרקט

pasar raya

מבצע
tawaran istimewa
FOR
לקוח
pelanggan
מוצרי חלב
tenusu
פירות
buah-buahan
עגלת קניות
troli

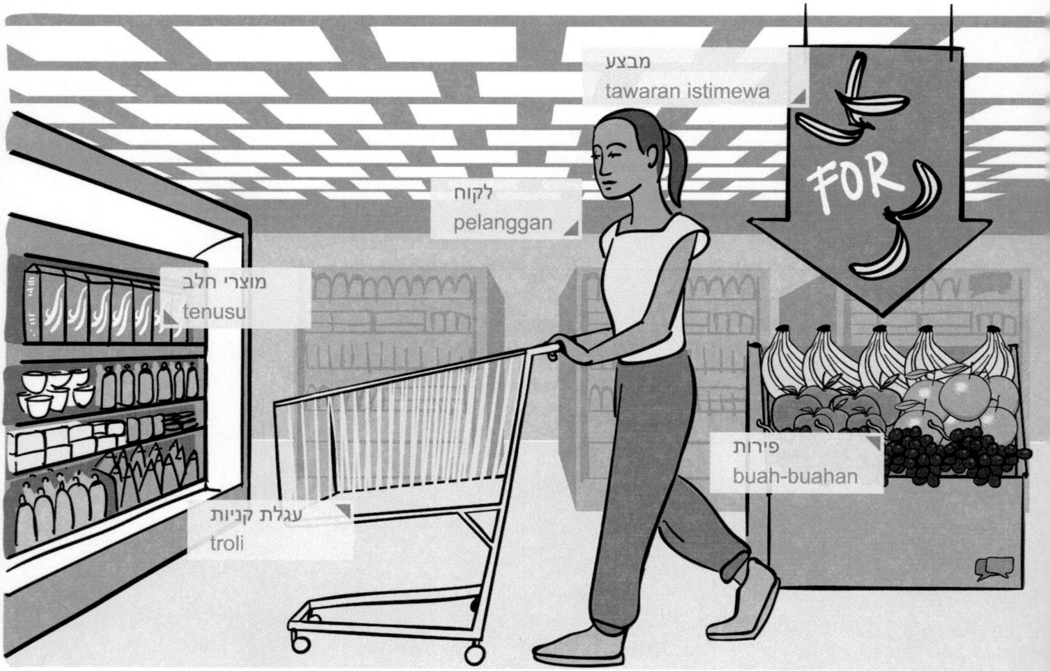

אטליז

tukang daging

מאפייה

kedai roti

שקל

berat

ירקות

sayur-sayuran

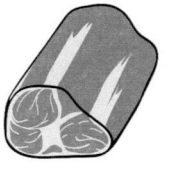

בשר

daging

מזון קפוא

makanan sejuk beku

בשר קר

daging sejuk

שימורים

makanan dalam tin

אבקת כביסה

serbuk pencuci

ממתקים

gula-gula

מוצרי בית

produk isi rumah

חומר ניקוי

produk pembersihan

מוכרת

orang jualan

קופה

daftar tunai

קופאי

juruwang

רשימת קניות

senarai membeli-belah

שעות פתיחה

waktu pembukaan

ארנק

beg duit

כרטיס אשראי

kad kredit

תיק

beg

שקית ניילון

beg plastik

שתיות
minuman

חלב

susu

מיץ

jus

מים

air

בירה

bir

יין

wain

קולה

kola

תה

the

קקאו

koko

אלכוהול

alkohol

קפוצ'ינו

kapucino

אספרסו

espreso

קפה

kopi

אוכל
makanan

בננה

pisang

תפוח

epal

תפוז

oren

אבטיח

tembikai

לימון

lemon

גזר

lobak merah

שום

bawang putih

במבוק

buluh

בצל

bawang

פטריות

cendawan

אגוזים

kacang

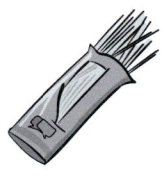

אטריות

mi

ספגטי

spageti

אורז

nasi

סלט

salad

צ'יפס

kerepek

צ'יפס

kentang goreng

פיצה

piza

המבורגר

hamburger

כריך

sandwic

שניצל

kutlet

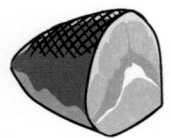

שינקין

ham

סלאמי

salami

נקניקיה

sosej

עוף

ayam

טיגון

panggang

דג

ikan

שיבולת שועל

bubur oat

מוזלי

muesli

קורנפלקס

emping jagung

קמח

tepung

קרואסון

kroisan

לחמנייה

roti roll

לחם

roti

טוסט

roti bakar

עוגיות

biskut

חמאה

mentega

גבינה לבנה

dadih

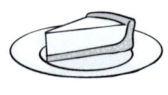

עוגה

kek

ביצה

telur

ביצת עין

telur goreng

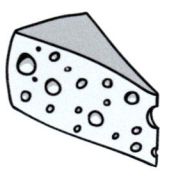

גבינה

keju

גלידה

ais krim

סוכר

gula

דבש

madu

ריבה

jem

ממרח נוגט

krim nougat

קארי

kari

חווה

ladang

rumah ladang
אסם
bangsal
חבילת שחת
bandela jerami
שדה
bidang
סוס
kuda
עגלת נגרר
treler
טרקטור
traktor
סייח
anak kuda
חמור
keldai
כבש
biri-biri
טלה
kambing

עז
kambing

פרה
lembu

עגל
anak lembu

חזיר
babi

חזרזיר
anak babi

שור
lembu

אווז

angsa

ברווז

itik

אפרוח

anak ayam

תרנגולת

ayam betina

תרנגול

ayam jantan muda

חולדה

tikus

חתול

kucing

עכבר

tikus

שור

lembu jantan

כלב

anjing

מלונה

rumah anjing

צינור השקיה

hos taman

קנקן מים

bekas siraman

חרמש

sabit

מחרשה

bajak

מגל

sabit

מגרפה

cangkul

קלשון

serampang peladang

גרזן

kapak

מריצה

kereta sorong

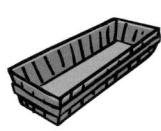

שוקת

palung

כד חלב

tin susu

שק

karung

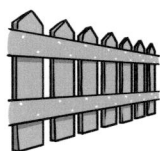

גדר

pagar

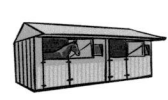

אורווה

stabil

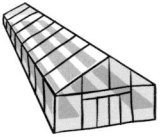

חממה

rumah hijau

אדמה

tanah

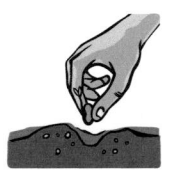

זרע

benih

דשן

baja

מקצרה

jentuai

קצר

tuai

קציר

menuai

בטטה אפריקנית

keladi

חיטה

gandum

סויה

soya

תפוח אדמה

kentang

תירס

jagung

קנולה

biji sawi

עץ פירות

pokok buah-buahan

קסבה

ubi kayu

דגנים

bijirin

בית

rumah

ארובה
cerobong
גג
atap
מרזב
penurun
חלון
tetingkap
מוסך
garaj
פעמון
loceng pintu
דלת
pintu
פח אשפה
tong sampah
תיבת מכתבים
peti surat
גינה
taman

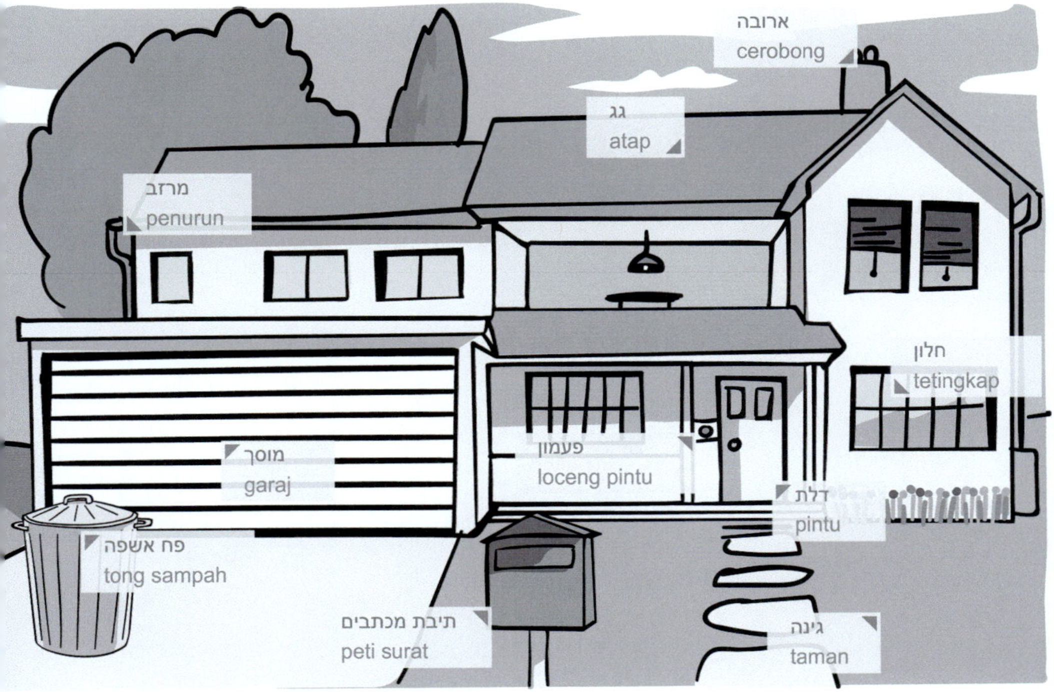

סלון

ruang tamu

חדר אמבטיה

bilik air

מטבח

dapur

חדר שינה

bilik tidur

חדר ילדים

bilik kanak-kanak

חדר אוכל

ruang makan

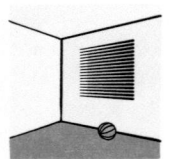

רצפה

lantai

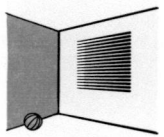

קיר

dinding

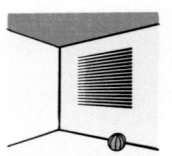

תקרה

siling

מרתף

bilik bawah tanah

סאונה

sauna

מרפסת

balkoni

מרפסת

teres

בריכה

kolam renang

מכסחת דשא

pemotong rumput

סדין

lembaran

כיסוי מיטה

penutup tilam

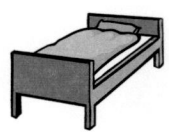

מיטה

katil

מטאטא

penyapu

דלי

timba

מפסק

suis

סלון
ruang tamu

טפט
kertas dinding
תמונה
gambar
מנורה
lampu
מדף
rak
ארון
kabinet
טלוויזיה
televisyen
אח
pendiangan
פרח
bunga
כרית
kusyen
ספה
sofa
אגרטל
pasu
שלט רחוק
alat kawalan jauh

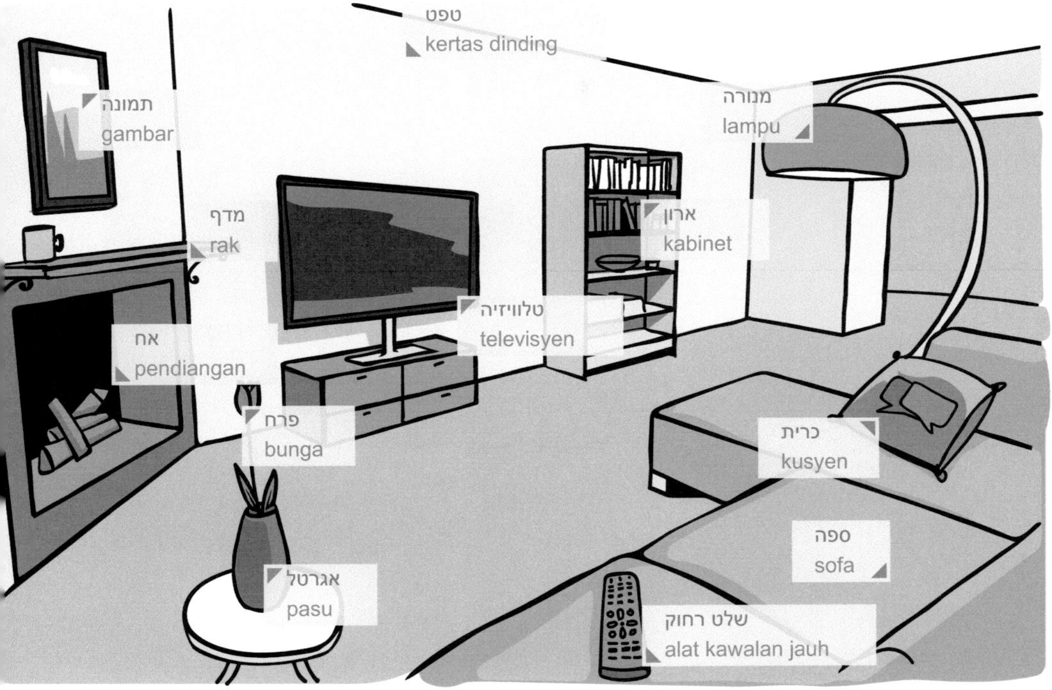

שטיח
permaidani

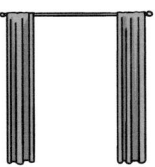

וילון
tirai

שולחן
meja

כסא
kerusi

כיסא נדנדה
kerusi malas

כורסה
kerusi

ספר

buku

שמיכה

selimut

דקורציה

hiasan

עצי הסקה

kayu api

סרט

filem

מערכת סטריאו

hi-fi

מפתח

kunci

עיתון

akhbar

ציור

lukisan

פוסטר

poster

רדיו

radio

מחברת

buku catatan

שואב אבק

penyedut habuk

קקטוס

kaktus

נר

lilin

מטבח
dapur

מקרר
peti sejuk
מיקרוגל
ketuhar gelombang mikro
penimbang dapur
טוסטר
pembakar roti
חומר ניקוי
bahan pencuci
תנור
oven
מקפיא
penyejuk beku
פח אשפה
tong sampah
מדיח כלים
pembasuh pinggan mangkuk

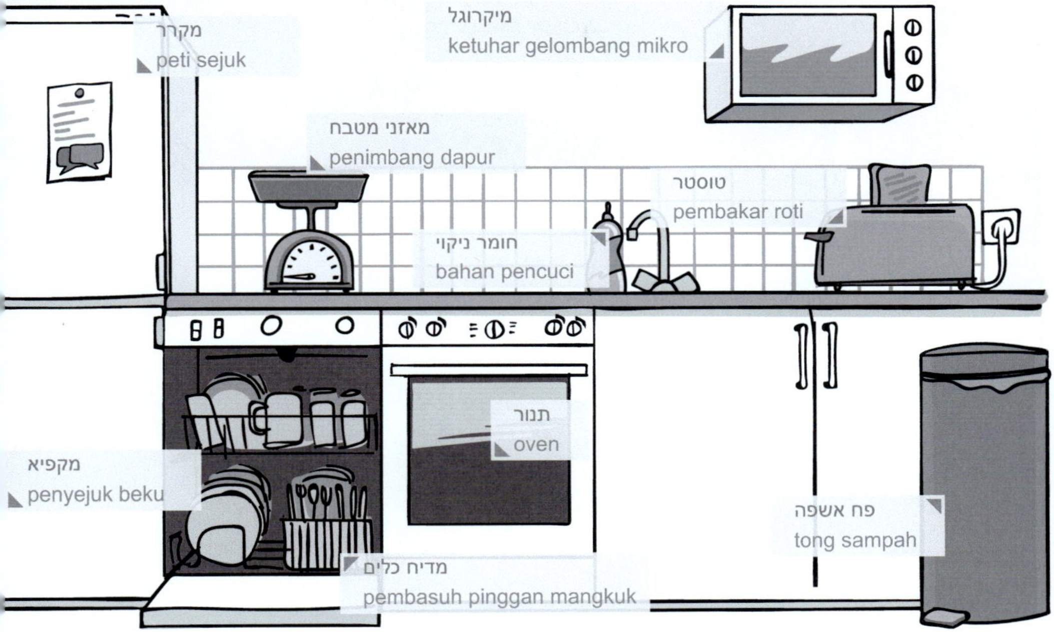

תנור

periuk dapur

סיר

periuk

סיר ברזל

periuk besi

ווק

kuali

מחבת

pan

קומקום חשמלי

cerek

מאדה

pengukus

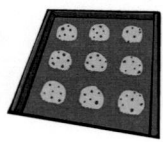

מגש אפייה

dulang pembakar

כלי אוכל

pinggan mangkuk

ספל

koleh

קערה

mangkuk

צ'ופסטיקס

penyepit

מצקת

senduk

מרית

spatula

מטרפה

pengadun

מסננת בישול

penapis

מסננת

ayak

מגרדת

pemarut

מכתש

mortar

גריל

barbeku

מדורה

pembakaran terbuka

קרש חיתוך

papan pencincang

מערוך

pin golekan

פותחן פקקים

skru gabus

פחית

tin

פותחן קופסאות

pembuka tin

מטלית

pemegang periuk

כיור

sinki

מברשת

berus

ספוג

span

בלנדר

pengisar

מקפיא

penyejuk beku

בקבוק לתינוק

botol bayi

ברז

paip

חדר אמבטיה

bilik air

חימום
pemanasan
מגבת
tuala
מקלחת
mandi
וילון מקלחת
tirai mandi
אמבטיית קצף
mandi buih
אמבטיה
tab mandi
כוס
gelas
מכונת כביסה
mesin basuh
ברז
paip
אריחים
jubin
סיר לילה
tandas
כיור
sinki

אסלה

tandas

אסלת כריעה

tandas mencangkung

בידה

mangkuk tandas

משתנה

tandas awam

נייר טואלט

kertas tandas

מברשת אסלה

berus tandas

מברשת שיניים

berus gigi

משחת שיניים

ubat gigi

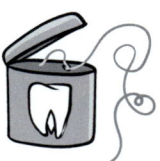

חוט דנטלי

flos gigi

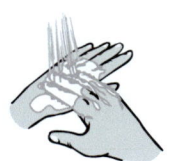

שטף

cuci

מקלחת יד

mandian tangan

צינור שטיפה לשירותים

pancuran

קערת רחצה

besen

מברשת גב

belakang berus

סבון

sabun

ג'ל רחצה

gel mandian

שמפו

syampu

ליפה

flanel

ניקוז

longkang

קרם

krim

דיאודורנט

deodoran

מראה

cermin

מראת יד

cermin tangan

סכין גילוח

pisau cukur

קצף גילוח

busa cukur

אפטרשייב

selepas cukur

מסרק

sikat

מברשת

berus

מייבש שיעור

pengering rambut

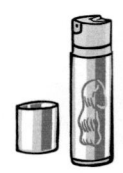

ספריי לשיער

semburan rambut

איפור

mekap

שפתון

gincu

לק

varnis kuku

צמר גפן

bulu kapas

מספריים לציפורניים

gunting kuku

בושם

pewangi

תיק כלי רחצה

beg basuhan

שרפרף

bangku

משקל

skala berat

חלוק רחצה

jubah mandi

כפפות גומי

sarung tangan getah

טמפון

kapas

תחבושת סניטרית

tuala wanita

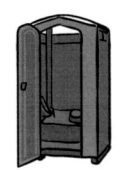

שירותים כימיקליים

tandas kimia

חדר ילדים

bilik kanak-kanak

שעון מעורר
jam loceng
צעצוע חיבוק
mainan kegemaran
מכונית צעצוע
kereta mainan
רעשן
kerincing bayi
בית בובות
rumah anak patung
מתנה
hadiah

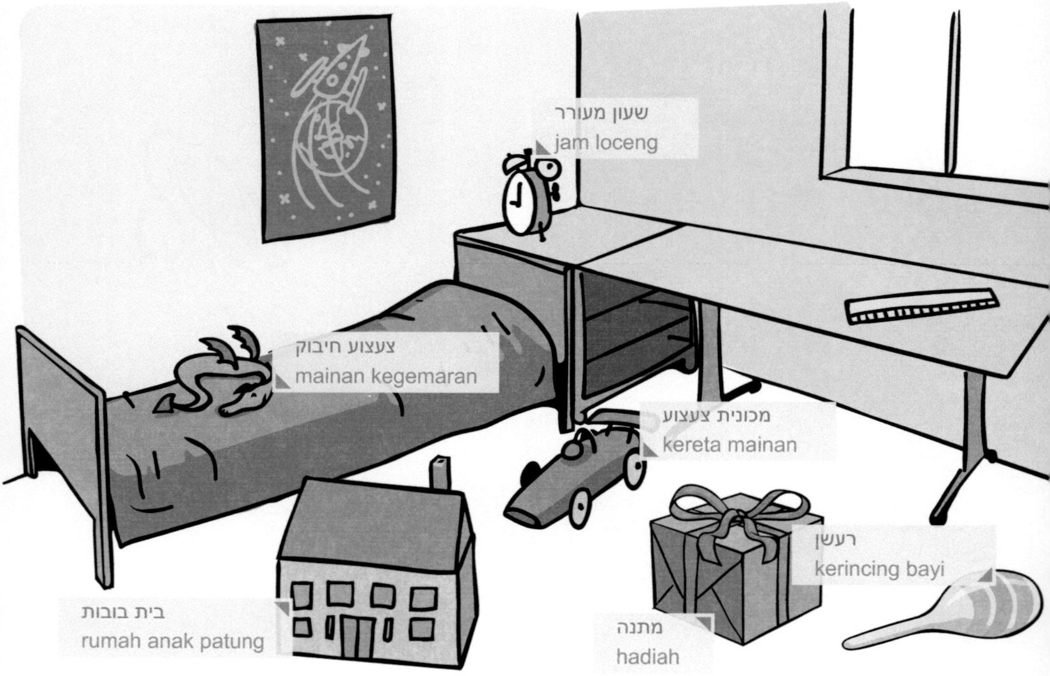

בלון

belon

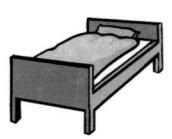

מיטה

katil

עגלה

kereta sorong bayi

משחק קלפים

set kad

פאזל

susun suai gambar

קומיקס

komik

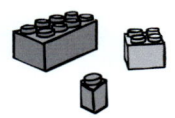

לגו
batu bata lego

קוביות משחק
blok mainan

דמות משחק
figura aksi

סרבל תינוקות
baju bayi

פריזבי
frisbee

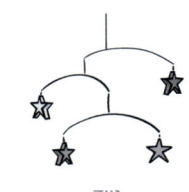

נייד
mainan bayi mudah alih

משחק לוח
permainan papan

קוביה
dadu

רכבת צעצוע
set model kereta api

מוצץ
palsu

מסיבה
parti

אלבום תמונות
buku bergambar

כדור
bola

בובה
anak patung

שיחק
main

ארגז חול

lubang pasir

נדנדה

buai

צעצועים

mainan

קונסולת משחקים

konsol permainan video

אופניים תלת גלגלי

basikal roda tiga

דובון

anak patung beruang

ארון בגדים

almari pakaian

בגדים

pakaian

גרביים

stoking

גרביונים

stoking

גרביון

ketat

צעיף
skarf

מטריה
payung

חולצת טי
kemeja-t

keselamatan

מגפיים
but

נעלי בית
selipar

נעלי ספורט
kasut sukan

סנדלים
sandal

נעליים
kasut

מגפי גומי
but getah

תחתונים
seluar dalam

חזייה
coli

וסט
ves

גוף
badan

מכנסיים
Seluar panjang

ג'ינס
jean

חצאית
skirt

חולצה מכופתרת
blaus

חולצה
kemeja

אפודה
baju panas sarung

סווצ'ר עם קפוצ'ון
sweater

בלייזר
blazer

ז'קט
jaket

מעיל
kot

מעיל גשם
baju hujan

תלבושת
kostum

שמלה
pakaian

שמלת כלה
baju pengantin

חליפה

sut

כותונת לילה

baju tidur

פיג'מה

baju tidur

סארי

sari

מטפחת ראש

skarf kepala

טורבן

serban

בורקה

burqa

קאפטן

kaftan

עבאיה

abaya/jubah

בגד ים

baju renang

בגד ים

seluar renang

מכנסיים קצרים

seluar pendek

בגד אימון

sut balapan

סינר

apron

כפפות

sarung tangan

כפתור

butang

משקפיים

cermin mata

צמיד יד

gelang tangan

שרשרת

rantai leher

טבעת

cincin

עגיל

subang

כובע

topi

קולב

penyangkut kot

כובע

topi

עניבה

tali leher

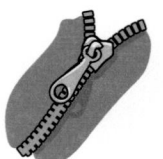

רוכסן

zip

קסדה

topi keledar

כתפיות

pendakap

תלבושת בית ספר

uniform sekolah

מדים

seragam

מפית אוכל

lapik dada

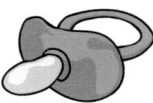

מוצץ

palsu

חיתול

lampin

משרד

pejabat

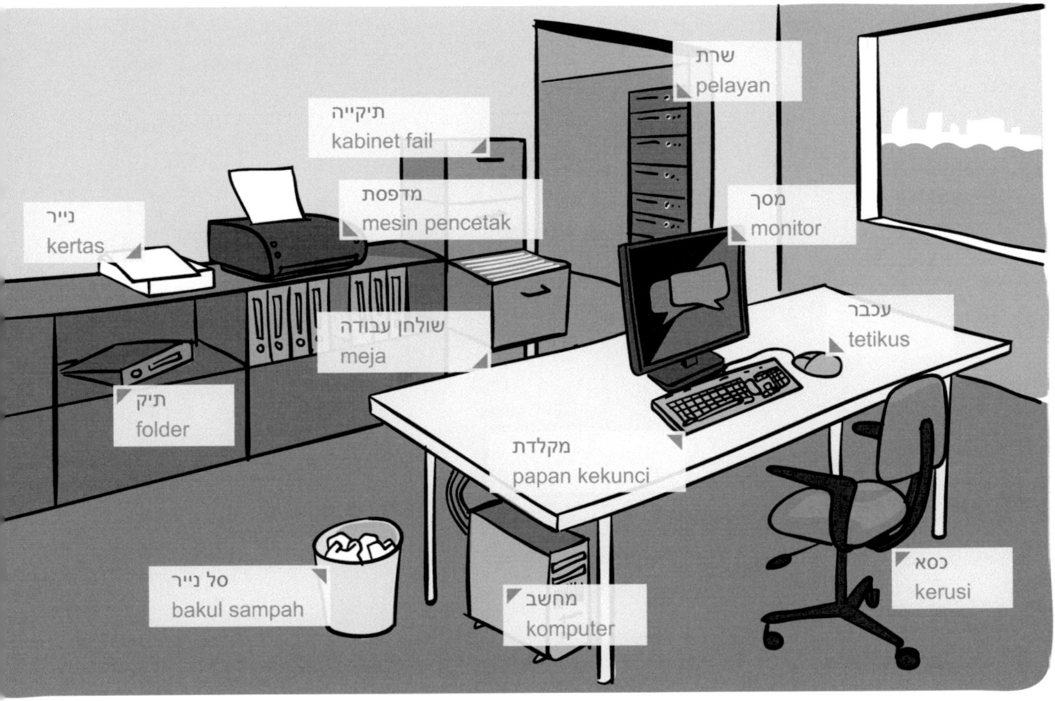

שרת
pelayan

תיקייה
kabinet fail

מדפסת
mesin pencetak

מסך
monitor

נייר
kertas

שולחן עבודה
meja

עכבר
tetikus

תיק
folder

מקלדת
papan kekunci

סל נייר
bakul sampah

מחשב
komputer

כסא
kerusi

ספל קפה

cawan kopi

מחשבון

kalkulator

אינטרנט

internet

מחשב נייד

komputer riba

מכתב

surat

הודעה

mesej

נייד

mudah alih

רשת

rangkaian

מכונת צילום

mesin fotokopi

תוכנה

perisian

טלפון

telefon

שקע

soket plag

פקס

mesin faks

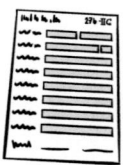

טופס

bentuk

מסמך

dokumen

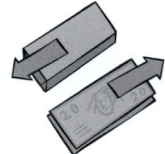

כלכלה
ekonomi

קנה

beli

שילם

bayar

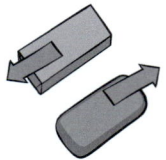

סחר

berdagang

כסף

wang

דולר

dolar

יורו

euro

ין

yen

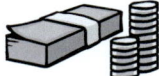

רובל

rubel

פרנק שווייצרי

franc swiss

יואן רנמינבי

renminbi yuan

רופי

rupee

כספומט

mata tunai

המרת מטבע

pejabat tukaran mata wang

זהב

emas

כסף

perak

נפט

minyak

אנרגיה

tenaga

מחיר

harga

חוזה

kontrak

מס

cukai

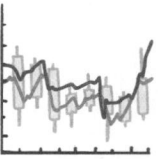

מנייה

stok

עבד

kerja

עובד

pekerja

מעסיק

majikan

מפעל

kilang

חנות

kedai

מקצועות
pekerjaan

כבאי
ahli bomba
שוטר
pegawai polis
טבח
tukang masak
רופא
doktor
טייס
juruterbang

גנן

tukang kebun

נגר

tukang kayu

תופרת

tukang jahit

שופט

hakim

כימאי

ahli kimia

שחקן

pelakon

נהג אוטובוס

pemandu bas

נהג מונית

pemandu teksi

דייג

nelayan

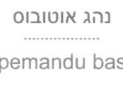

עובדת נקיון

wanita pencuci

מתקן גגות

kasau

מלצר

pelayan

צייד

pemburu

צייר

pelukis

אופה

bakeri

חשמלאי

juruelektrik

עובד בניין

pembangun

מהנדס

jurutera

קצב

penjual daging

אינסטלטור

tukang paip

דוור

posmen

חייל

askar

אדריכל

arkitek

קופאי

juruwang

מוכר פרחים

kedai bunga

ספר

pendandan rambut

כרטיסן

konduktor

מכונאי

mekanik

קברניט

kapten

רופא שיניים

doktor gigi

מדען

ahli sains

רב

tuhanku

אימאם

imam

נזיר

sami

כומר

paderi

כלי עבודה

alat

פטיש
tukul
צבת
playar
מברג
pemutar skru
מפתח ברגים
sepana
פנס
obor

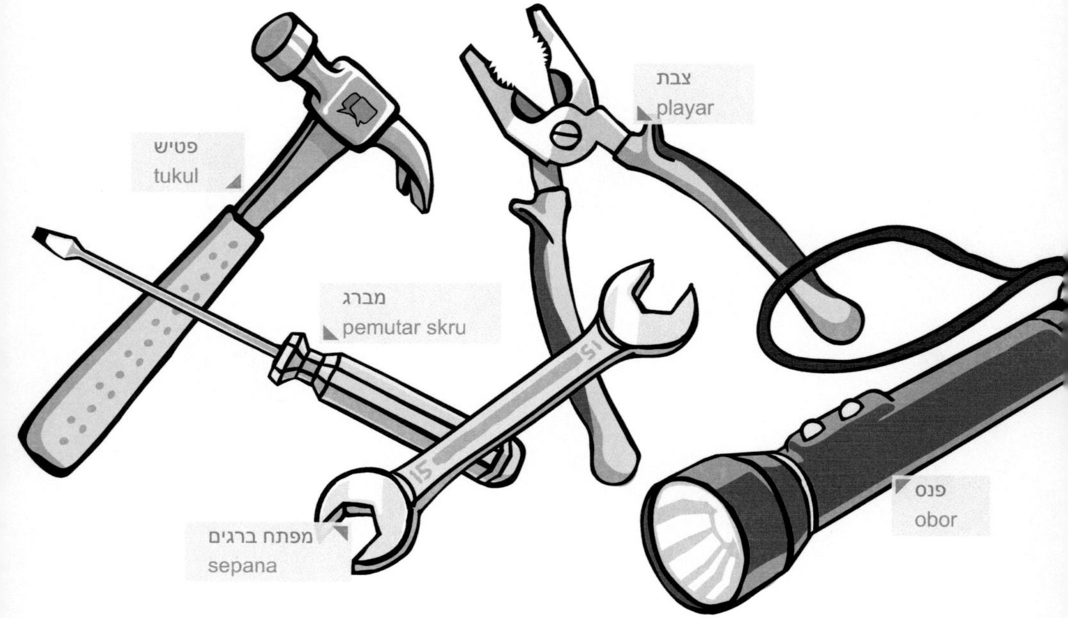

דחפור

pengorek

ארגז כלים

kotak peralatan

סולם

tangga

מסור

gergaji

מסמרים

kuku

מקדחה

gerudi

תיקן

baiki

את חפירה

penyodok

לעזאזל!

Celaka!

יעה

penadah sampah

פח צבע

periuk cat

ברגים

skru

כלי נגינה
alat muzik

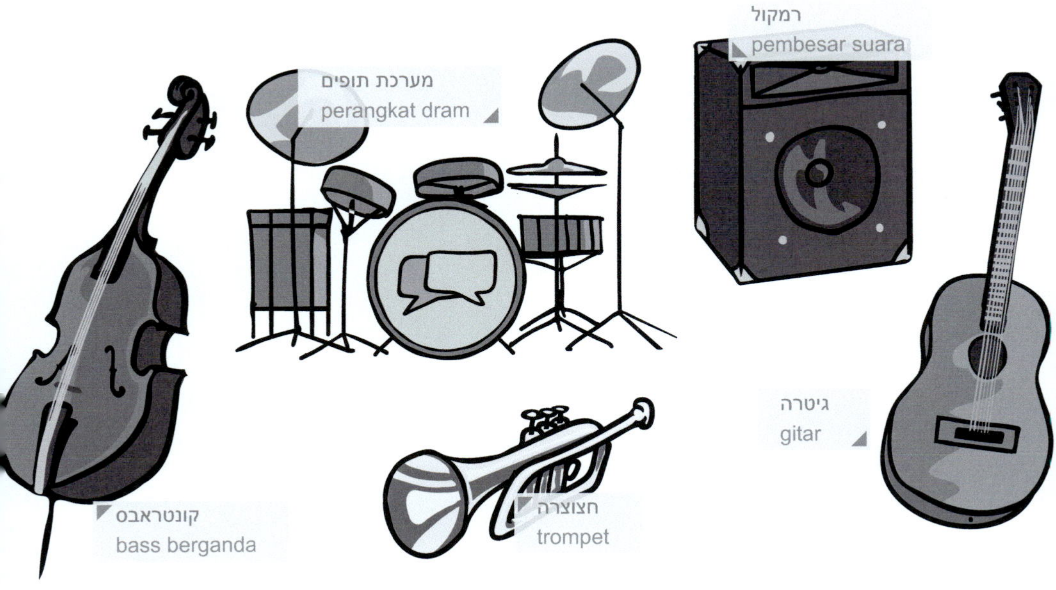

רמקול
pembesar suara
מערכת תופים
perangkat dram
גיטרה
gitar
קונטראבס
bass berganda
חצוצרה
trompet

פסנתר

piano

כינור

biola

בס

bass

תוף הדוד

timpani

תופים

dram

מקלדת פסנתר

papan kekunci

סקסופון

saksofon

חליל

seruling

מיקרופון

mikrofon

גן חיות

zoo

כניסה
pintu masuk
נמר
harimau
כלוב
sangkar
זברה
zebra
מזון לחיות
makanan haiwan
פנדה
panda

בעלי חיים

haiwan

פיל

gajah

קנגרו

kanggaru

קרנף

badak sumbu

גורילה

gorila

דוב

beruang

גמל

unta

יען

burung unta

אריה

singa

קוף

monyet

פלמינגו

flamingo

תוכי

nuri

דוב הקרח

beruang kutub

פינגווין

penguin

כריש

yu

טווס

merak

נחש

ular

תנין

buaya

שומר גן החיות

penjaga zoo

כלב ים

anjing laut

יגואר

jaguar

סוס פוני

kuda

לאופרד

harimau

היפופוטאם

badak air

ג'ירפה

zirafah

נשר

helang

חזיר בר

babi jantan

דג

ikan

צב

penyu

סוס ים

anjing laut

שועל

musang

איילה

rusa

ספורט
sukan

פוטבול אמריקאי
bola sepak Amerika
רכיבת אופניים
berbasikal
טניס
tenis
כדורסל
bola keranjang
שחיה
renang
הוקי
hoki ais
אגרוף
tinju

כדורגל

bola sepak

בדמינטון

badminton

אתלטיקה

olahraga

כדור-יד

bola baling

עשה סקי

ski

פולו

polo

פעילויות

aktiviti

צחק
ketawa
קפץ
lompat
חיבק
peluk
הלך
berjalan
שר
menyanyi
חלם
mimpi
התפלל
berdoa
נשק
cium

כתב

tulis

צייר

lukis

הראה

tunjuk

דחף

tolak

נתן

beri

לקח

ambil

יש / להיות הבעלים

ada

עשה

buat

היה

ialah

עמד

berdiri

רץ

lari

משך

tarik

זרק

buang

נפל

jatuh

שכב

tipu

חיכה

tunggu

סחב

bawa

ישב

duduk

התלבש

pakai

ישן

tidur

התעורר

bangkit

הסתכל ב-

lihat pada

בכה

menangis

ליטף

strok

סירק

sikat

דיבר

cakap

הבין

faham

שאל

tanya

שמע

dengar

שתה

minum

אכל

makan

סידר

mengemas

אהב

sayang

בישל

masak

נהג

pandu

עף

terbang

שט

belayar

חישב

kira

קרא

baca

למד

belajar

עבד

kerja

התחתן

nikah

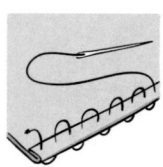

תפר

jahit

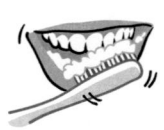

ציחצח שיניים

memberus gigi

הרג

bunuh

עישן

asap

שלח

hantar

משפחה

keluarga

סבתא
nenek
סבא
datuk
אבא
bapa
אימא
ibu
תינוק
bayi
בת
anak perempuan
בן
anak lelaki

אורח

tetamu

דודה

mak cik

דוד

pak cik

אח

abang

אחות

kakak

גוף
badan

מצח
dahi
עין
mata
פנים
muka
סנטר
dagu
חזה
dada
אצבע
jari
כף יד
tangan
זרוע
lengan
כתף
bahu
רגל
kaki

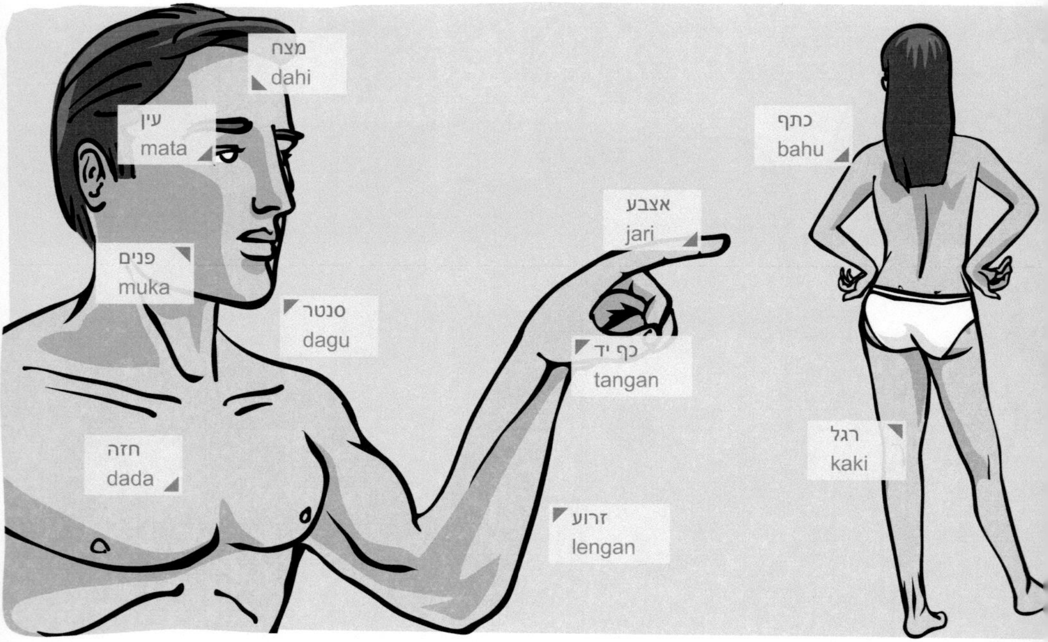

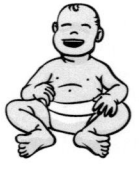

תינוק

bayi

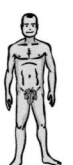

איש

lelaki

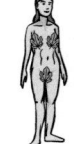

אישה

wanita

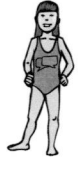

ילדה

perempuan

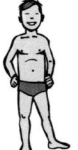

ילד

lelaki

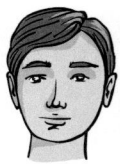

ראש

kepala

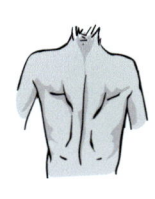

גב

belakang

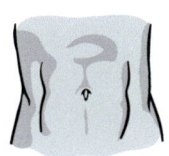

בטן

bawah perut

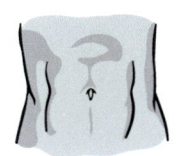

טבור

pusat

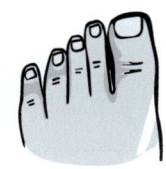

אצבע

jari kaki

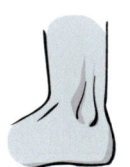

עקב

tumit

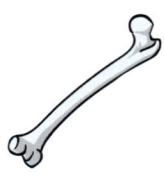

עצם

tulang

ירך

pinggul

ברך

lutut

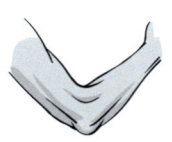

מרפק

siku

אף

hidung

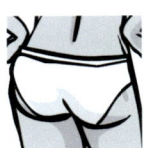

עכוז

bawah

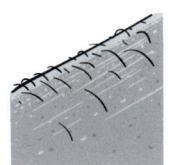

עור

kulit

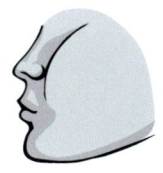

לחי

pipi

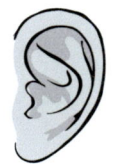

אוזן

telinga

שפתיים

bibir

גוף - badan

פה

mulut

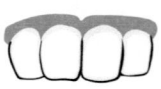

שן

gigi

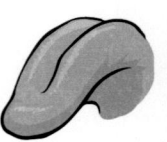

לשון

lidah

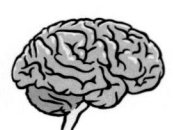

מוח

otak

לב

hati

שריר

otot

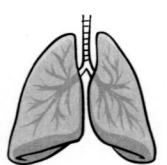

ריאה

paru-paru

כבד

hati

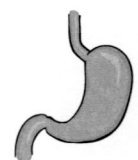

קיבה

perut

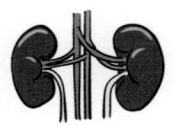

כליות

buah pinggang

מין

seks

קונדום

kondom

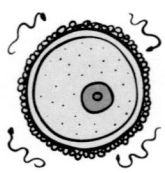

ביצית

faraj

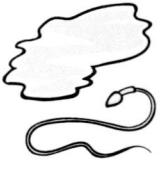

זרע

mani

הריון

mengandung

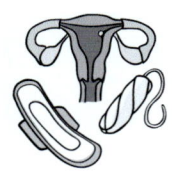

וסת

haid

נרתיק

faraj

פין

penis

גבה

kening

שיער

rambut

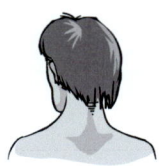

צוואר

leher

בית חולים
hospital

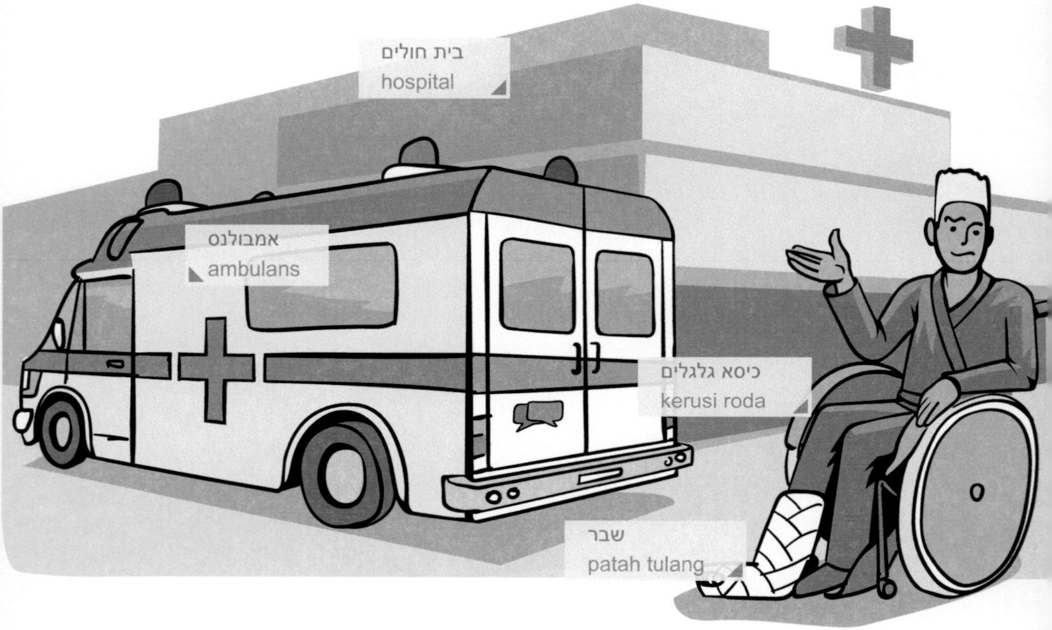

בית חולים
hospital
אמבולנס
ambulans
כיסא גלגלים
kerusi roda
שבר
patah tulang

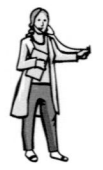

רופא

doktor

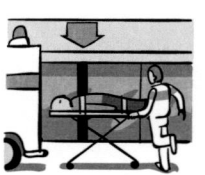

חדר מיון

bilik kecemasan

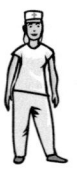

אחות

jururawat

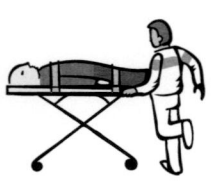

חירום

kecemasan

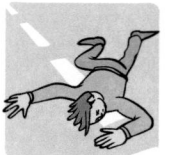

חסר הכרה

tak sedar

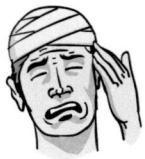

כאב

sakit

פציעה

kecederaan

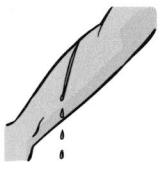

דימום

pendarahan

התקף לב

serangan jantung

שבץ

strok

אלרגיה

alergi

שיעול

batuk

חום

demam

שפעת

selesema

שלשול

cirit-birit

כאב ראש

sakit kepala

סרטן

kanser

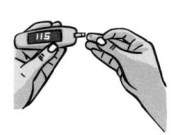

סוכרת

diabetes

מנתח

pakar bedah

אזמל

pisau bedah

ניתוח

pembedahan

סי-טי

CT

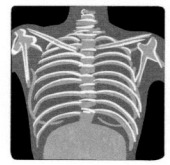

רנטגן

x-ray

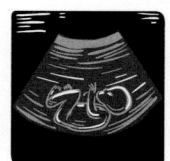

אולטרסאונד

ultrabunyi

מסיכת פנים

topeng muka

מחלה

penyakit

חדר המתנה

bilik menunggu

קבה

penongkat

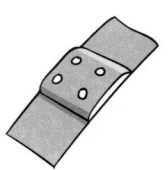

פלסטר

plaster

תחבושת

pembalut

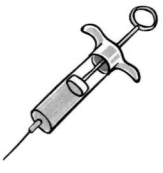

זריקה

suntikan

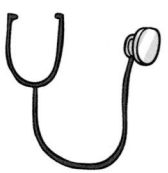

סטטוסקופ

stetoskop

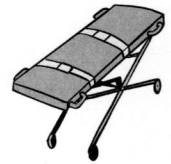

אלונקה

pengusung

מד חום

termometer klinik

לידה

kelahiran

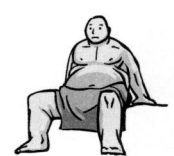

עודף משקל

berat badan berlebihan

בית חולים - hospital

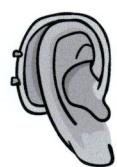

מכשיר שמיעה

alat pendengaran

מחטא

disinfektan

זיהום

jangkitan

נגיף

virus

איידס

HIV / AIDS

תרופה

perubatan

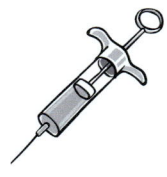

חיסון

vaksinasi

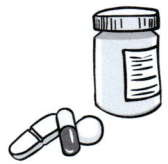

טבליות

tablet

גלולה

pil

קריאת חירום

panggilan kecemasan

מד לחץ דם

pantau tekanan darah

חולה / בריא

sakit / sihat

חירום
kecemasan

הצילו!

Tolong!

אזעקה

penggera

פשיטה

serang

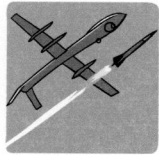

תקיפה

serangan

סכנה

bahaya

יציאת חירום

pintu kecemasan

אש!

Api!

מטף כיבוי

alat pemadam api

תאונה

kemalangan

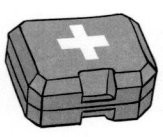

ערכת עזרה ראשונה

alat pertolongan cemas

הצילו!

SOS

משטרה

polis

כדור הארץ
bumi

אירופה
Eropah

צפון אמריקה
Amerika Utara

דרום אמריקה
Amerika Selatan

אפריקה
Afrika

אסיה
Asia

אוסטרליה
Australia

האוקיינוס האטלנטי
Atlantic

האוקיינוס השקט
Pasifik

האוקיינוס ההודי
Lautan Hindi

האוקיינוס האנטרקטי
Lautan Antartik

האוקיינוס הארקטי
Lautan Artik

הקוטב הצפוני
Kutub utara

כדור הארץ

bumi

אנטארקטיקה

Antartika

הקוטב הדרומי

Kutub Selatan

אי

pulau

ים

laut

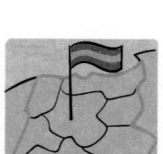

אדמה

tanah

מדינה

negeri

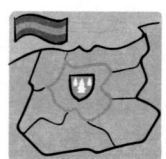

לאום

negara

שעון
jam

פני השעון
muka jam

מחוג השעות
tangan jam

מחוג הדקות
tangan minit

מחוג השניות
terpakai

מה השעה?
Jam berapa sekarang

יום
hari

זמן
masa

עכשיו
sekarang

שעון דיגיטלי
jam digital

דקה
minit

שעה
jam

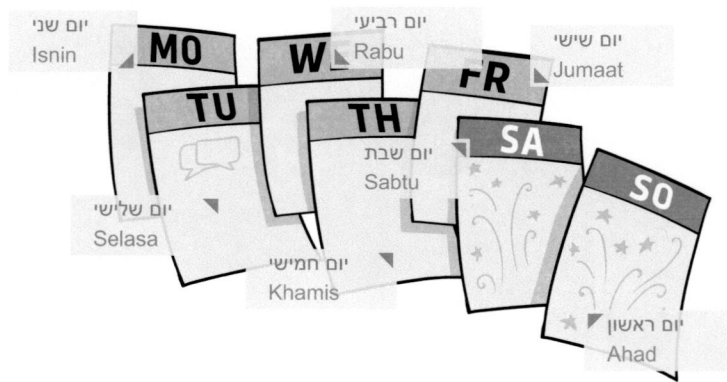

שבוע

minggu

אתמול

semalam

היום

hari ini

מחר

esok

בוקר

pagi

צהריים

tengah hari

ערב

petang

ימי עבודה

hari kerja

סוף שבוע

hari minggu

שנה

tahun

גשם
hujan
קשת בענן
pelangi
רוח
angin
שלג
salji
אביב
musim bunga
קיץ
musim panas
סתיו
musim luruh
חורף
musim salji

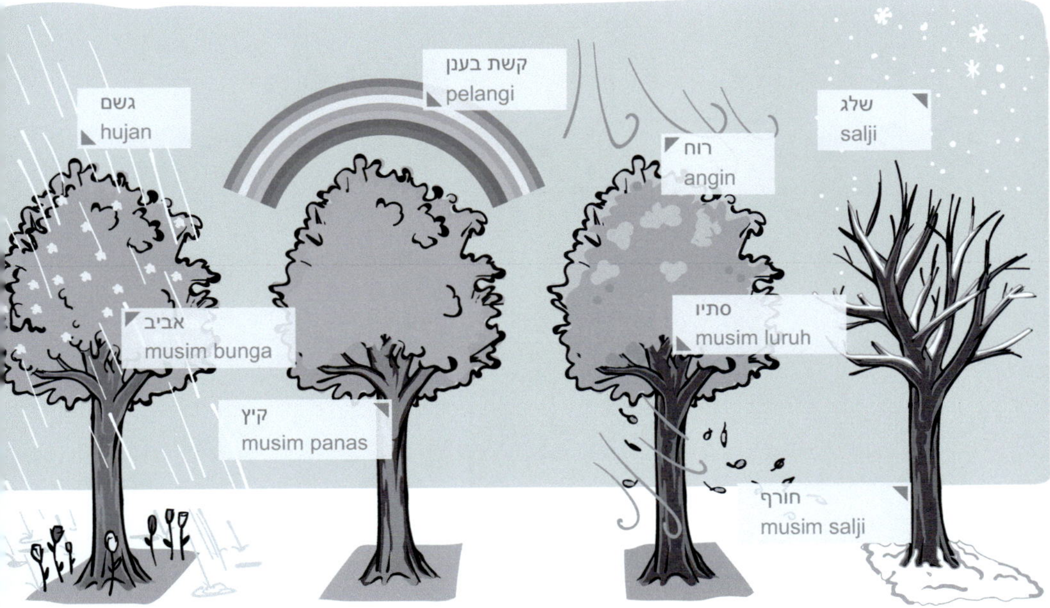

תחזית מזג האוויר

ramalan cuaca

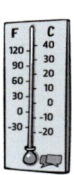

מד חום

termometer

אור שמש

sinar matahari

ענן

awan

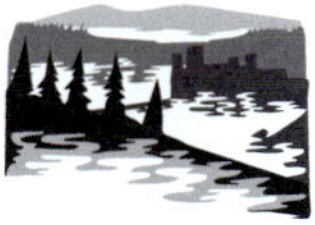

ערפל

kabus

לחות

lembapan

ברק

kilat

רעם

petir

סערה

ribut

ברד

hujan batu

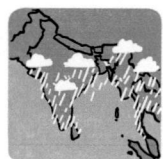

רוח עונתי

monsun

שיטפון

banjir

קרח

ais

ינואר

Januari

פברואר

Februari

מרץ

Mac

אפריל

April

מאי

Mei

יוני

Jun

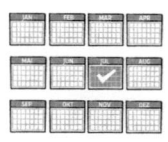

יולי

Julai

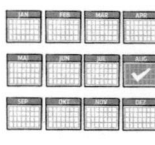

אוגוסט

Ogos

ספטמבר

September

אוקטובר

Oktober

נובמבר

November

דצמבר

Disember

צורות

bentuk

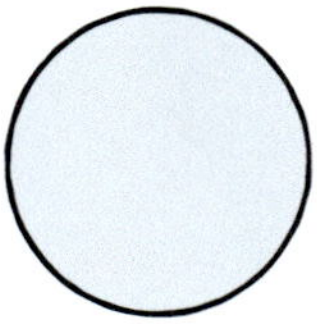

עיגול

bulatan

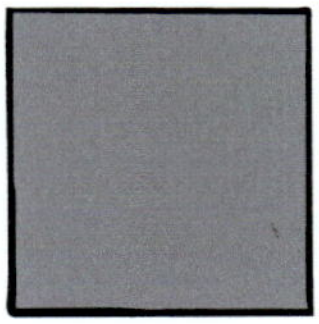

מרובע

petak

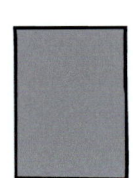

מלבן

segi empat tepat

משולש

segitiga

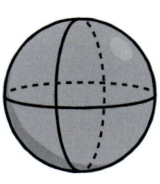

כדור

sfera

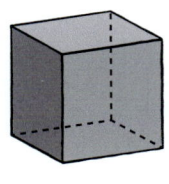

קובייה

kiub

צבעים

warna

לבן

putih

צהוב

kuning

כתום

oren

ורוד

merah jambu

אדום

merah

סגול

ungu

כחול

biru

ירוק

hijau

חום

coklat

אפור

kelabu

שחור

hitam

הפכים

berlawanan

הרבה / מעט

banyak / sedikit

כועס / רגוע

marah / tenang

יפה / מכוער

cantik / hodoh

התחלה / סוף

bermula / tamat

גדול / קטן

besar kecil

בהיר / כהה

terang / gelap

אח / אחות

abang / kakak

נקי / מלוכלך

bersih / kotor

שלם / חלקי

lengkap / tidak lengkap

יום /לילה

hari / malam

מת / חי

mati / hidup

רחב / צר

luas / sempit

אכיל / לא אכיל

boleh dimakan / tidak boleh
dimakan

רשע / טוב לב

jahat / baik

מתרגש / משועמם

teruja / bosan

שמן / רזה

gemuk / kurus

ראשון / אחרון

pertama / terakhir

חבר / אויב

kawan / musuh

מלא / ריק

penuh / kosong

קשה / רך

keras / lembut

כבד / קל

berat / ringan

רעב / צמא

lapar / dahaga

חולה / בריא

sakit / sihat

בלתי-חוקי / חוקי

menyalahi undang-undang /
undang-undang

נבון / טיפש

pintar / bodoh

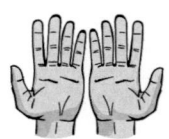

שמאל / ימין

kiri / kanan

קרוב / רחוק

dekat / jauh

חדש / משומש

baru / lama

כלום / משהו

tiada / sesuatu

זקן / צעיר

tua / muda

פעיל / כבוי

hidup / mati

פתוח / סגור

terbuka / tertutup

שקט / רועש

diam / bising

עשיר / עני

kaya / miskin

נכון / שגוי

betul / salah

מחוספס / חלק

kasar / halus

עצוב / שמח

sedih / gembira

קצר / ארוך

pendek / panjang

איטי / מהיר

lambat / laju

רטוב / יבש

basah / kering

חם / קר

panas / sejuk

מלחמה / שלום

berperang / berdamai

הפכים - berlawanan

מספרים
nombor

0	1	2
אפס	אחת	שתיים
sifar	satu	dua
3	4	5
שלוש	ארבע	חמש
tiga	empat	lima
6	7	8
שש	שבע	שמונה
enam	tujuh	lapan
9	10	11
תשע	עשר	אחת-עשרה
sembilan	sepuluh	sebelas

12

שתים-עשרה

dua belas

13

שלוש-עשרה

tiga belas

14

ארבע-עשרה

empat belas

15

חמש-עשרה

lima belas

16

שש-עשרה

enam belas

17

שבע-עשרה

tujuh belas

18

שמונה-עשרה

lapan belas

19

תשע-עשרה

Sembilan belas

20

עשרים

dua puluh

100

מאה

ratus

1.000

אלף

ribu

1.000.000

מיליון

juta

שפות

bahasa-bahasa

אנגלית

Bahasa Inggeris

אנגלית אמריקאית

Bahasa Inggeris Amerika

סינית מנדרינית

Bahasa Cina Mandarin

הודית

Bahasa Hindi

ספרדית

Bahasa Sepanyol

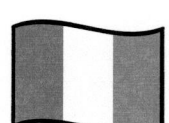

צרפתית

Bahasa Perancis

ערבית

Bahasa Arab

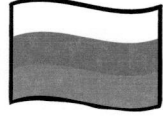

רוסית

Bahasa Rusia

פורטוגזית

Bahasa Portugis

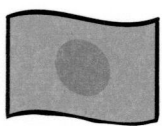

בנגלית

Bahasa Benggali

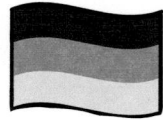

גרמנית

Bahasa Jerman

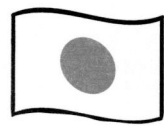

יפנית

Bahasa Jepun

מי / מה / איך
siapa / apa / bagaimana

אני

saya

אתה / את

anda

הוא / היא / זה

dia / dia / ia

אנחנו

kita

אתם

anda

הם

mereka

מי?

siapa?

מה?

apa?

איך?

bagaimana?

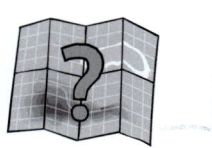

איפה?

di mana?

מתי?

bila?

שם

nama

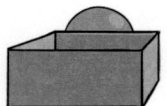

איפה
di mana

מאחור

belakang

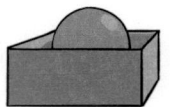

בתוך

dalam

לפני

di hadapan

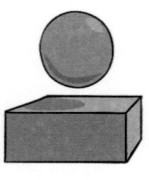

מעל

lebih

על

pada

מתחת

di bawah

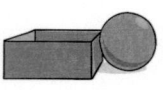

ליד

bersebelahan

בין

antara

מקום

tempat